Persönlichkeitspsychologie

Persönlichkeitstests, Borderline-Persönlichkeitsstörung und das Big-Five-Modell

Ilayda Basaran

Bibliografische Information der Deutschen Nationalbibliothek:

Die Deutsche Nationalbibliothek verzeichnet diese Publikation in der Deutschen Nationalbibliografie; detaillierte bibliografische Daten sind im Internet über http://dnb.d-nb.de abrufbar.

ISBN: 9783346505767
Dieses Buch ist auch als E-Book erhältlich.

Druck und Bindung: Books on Demand GmbH, Norderstedt Germany
Gedruckt auf säurefreiem Papier aus verantwortungsvollen Quellen

Das vorliegende Werk wurde sorgfältig erarbeitet. Dennoch übernehmen Autoren und Verlag für die Richtigkeit von Angaben, Hinweisen, Links und Ratschlägen sowie eventuelle Druckfehler keine Haftung.

Das Buch bei GRIN: https://www.grin.com/document/1133491

Einsendeaufgabe Persönlichkeitspsychlogie

Alternative B

Abgegeben am: 2.1.2021

SRH Fernhochschule

Inhaltsverzeichnis

Inhaltsverzeichnis

Inhaltsverzeichnis 3

1 Persönlichkeitstest in der klinischen Psychologie 4

    1.1 Gütekriterien am Beispiel von Persönlichkeitstests 5

        1.1.1 Objektivität 5

        1.1.2 Reliabilität 6

        1.1.3 Validität 6

    1.2 Die Borderline-Persönlichkeitsstörung 7

        1.2.1 Diagnose 8

2 Zusammenhang zwischen Persönlichkeit und Gesundheit 11

    2.1 Zusammenhänge zwischen Persönlichkeitsmerkmalen und Krankheiten 12

        2.1.1 Der Kohärenzsinn 13

        2.1.2 Die Rolle des Kohärenzsinns im Rahmen der Gesundheitsförderung 14

    2.2 konkrete Handlungsempfehlungen an Führungskräfte 15

3. Das Big Five Modell nach Costaund McCrae 17

    3.1 Die Bedeutung des Modells in der Personalauswahl 19

    3.2 Wichtige Eigenschaften bei der Auswahl von Jurist_innen 19

Literaturverzeichnis 21

1 Persönlichkeitstest in der klinischen Psychologie

Persönlichkeitstests spielen heut zu Tage eine wichtige Rolle, sie werden für Vorstellungsgespräche oder für Mitarbeiterbewertungen verwendet. Doch die meisten, am Markt erhältlichen, Persönlichkeitstests stammen aus dem Bereich der klinischen Psychologie und dienen dazu Persönlichkeitseigenschaften zu erfassen, Persönlichkeitsstörungen zu bestimmen und um Therapiemaßnahmen besser anpassen zu können.

Aktueller info service/ Umfassendes Info zu Persönlichkeitstests

Dabei gibt es verschiedene Arten von Persönlichkeitstests, durch die Seitenbegrenzung werden hier nur das NEO-Persönlichkeitsinventar nach Costa und McCrae und das Persönlichkeits-Stil- und Störungs-Inventar erläutert.

Das NEO-Persönlichkeitsinventar nach Costa und McCrae, auch NEO-PI-R genannt, ist ein Fragebogen und erfasst mit 240 Fragen, Items, welche in fünf Persönlichkeitsbereiche gegliedert ist, individuelle Persönlichkeitsunterschiede. Neurotizismus, Extraversion, Offenheit für Erfahrungen, Verträglichkeit sowie Gewissenhaftigkeit stellen die fünf Bereiche dar. Die fünf Bereiche bestehen jeweils aus je 30 Facetten. Die Rückmeldung dieses Fragebogens Erfolg durch ein Heft mit einem Persönlichkeitsbild, das aus einer Langfassung mit 15 Seiten und einer ein seitigen Kurzfassung besteht.

Koch (2014) S. 361

Das PSSI , das so genannte Persönlichkeits-Stil- und Störungs-Inventar, erfasst die relative Ausprägung von Persönlichkeitsstilen. Dabei wird unter Persönlichkeitsstile nichtpathologische Persönlichkeitsstörungen verstanden. . In diesem Testverfahren werden 140 Items 14 Skalen zugeordnet, dabei gibt es folgende Skale Die 14 Skalen sind: „PN (eigenwillig-paranoid), SZ (zurückhaltend-schizoid), ST (ahnungsvoll-schizotypisch), BL (spontan-borderline), HI (liebenswürdig-histrionisch), NA (ehrgeizig-narzisstisch), SU (selbstkritisch-selbstunsicher), AB (loyal-abhängig), ZW (sorgfältig-zwanghaft), NT (kritisch-negativistisch), DP (still-depressiv), SL (hilfsbereit-selbstlos), RH (optimistisch-rhapsodisch), AS (selbstbehauptend-antisozial)." (ebd.)

1.1 Gütekriterien am Beispiel von Persönlichkeitstests

Gütekriterien sind ein wichtiges Element der Qualitätssicherung in der Forschung. Alle Messmethoden und somit auch das Befragungsverfahren, psychometrische Verfahren, müssen den Gütekriterien genügen, wenn alle Messmethoden den Gütekriterien genügen, denn erst dann werden die Güte der einzelnen Messmethoden messbar und die Tests vergleichbar. Im Folgenden werden die drei Hauptkriterien näher erklärt und in Beziehung zu den Persönlichkeitstests gestellt. Außer diesen Hauptkriterien gibt es noch weitere Kriterien, die durch die Seitenbegrenzung nicht erklärt werden können, da sie aber selbsterklärend sind ist dies auch nicht notwendig: Intersubjektivität, Ehrlichkeit, Überprüfbarkeit, Verständlichkeit, Relevanz, logische Argumentation, Originalität und Nachvollziehbarkeit

Rüdiger Reinhardt & Ornau (2016) S. 16 – 17

1.1.1 Objektivität

Unter Objektivität wird die Unabhängigkeit der Versuchsergebnisse von den durchführenden Personen und den Rahmenbedingungen verstanden. Je weniger störanfällig hinsichtlich der Randbedingungen der Test ist und je geringer der Spielraum für den Untersuchungsleiter bei der Durchführung, Auswertung und der Interpretation ist, desto objektiver ist auch der Test.

Rüdiger Reinhardt & Ornau (2016) S. 16 – 17

Bäcker (2014) S. 117

Bei einem Persönlichkeitstest bedeutet dies für die Durchführung, dass die Person, die den Testfragebogen ausfüllt, weder vom Untersuchungsleiter noch von Zeit, Raum oder etwas anderem beeinflusst werden darf. „Zur Gewährleistung der Durchführungsobjektivität ist die Testsituation in Bezug auf Raum, Zeit, Instruktion, Testmaterial standardisiert." (Bäcker, 2014, 117)

Die Auswertungsobjektivität kann bei einem Persönlichkeitstest eingehalten werden, in dem die Fragen standardisiert, vereinheitlicht, werden. Falls in einem Verfahren nach Interpretationsobjektivität gefragt ist, kann dies dadurch erhöht werden, in dem mehrere Testauswerter bei selben Testantworten zum selben Ergebnis kommen. (ebd.)

1.1.2 Reliabilität

Die Reliabilität gibt die Zuverlässigkeit eines Tests an. Außerdem erhöht die Wiederholbarkeit des Tests die Reliabilität. Für ein Persönlichkeitstest würde das bedeuten, dass bei einer „Wiederholung des Tests unter denselben Bedingungen und an denselben Gegenständen zum selben Ergebnis" Rüdiger Reinhardt & Ornau, 2016, S. 16 - 17) gelangt. Die Reliabilität eines Tests ist ebenfalls auch gegeben, wenn ein Test jeder Zeit replizierbar bzw. wiederholbar ist.

Bäcker (2014) 118)

Rüdiger Reinhardt & Ornau, (2016) S. 16 – 17

1.1.3 Validität

Die Validität gibt an, ob ein Test wirklich das Merkmal misst, was es vorgibt zu messen. Im Fall der Persönlichkeitstests beschreibt die Validität wie „gut" ein Verfahren eine Persönlichkeitsstörungbestimmt. Das Ergebnis gibt an, welche Persönlichkeitsstörung vorliegt.

Rüdiger Reinhardt & Ornau (2016) S. 16 -1 7

Bäcker (2014) S. 118

1.2 Die Borderline-Persönlichkeitsstörung

Die Borderline-Persönlichkeitsstörung (BPS) gilt als einer der schweren Persönlichkeitsstörungen und entsteht oftmals aus einem traumatischen Erlebnis im Kindes- oder Jugendalter. Personen mit einer Borderline-Persönlichkeitsstörung sind impulsiv, emotional instabil, leiden unter Stimmungsschwankungen und schlimmen Wutausbrüchen.

NetDoktor) Borderline-Syndrom: Definition, Ursachen, Verhalten

Beblo & Mensebach (2000) S. 384 – 390

Bäcker (2016) S. 56, 58 -59

Menschen mit einer Borderline-Persönlichkeitsstörung haben eine ausgeprägte schwarz-weiß-Denkweise. Die oben genannten Stimmungsschwankungen zeigen sich in dem die Person andauernd ihre Meinung und Einstellung ändert. Diese Menschen haben ebenfalls eine instabile Beziehung zu anderen und durch ihre **Verlustängste sind sie auch nicht Beziehungsfähig.** „Die Instabilität zu anderen kann sich darin zeigen, dass zum Ausdruck gebracht wird, dass es sich um eine perfekte Beziehung handelt, während im nächsten Augenblick kund getan wird, dass die Person überhaupt keinen Wert auf die Beziehung legt." (Bäcker, 2016, S. 56, 58 -59)

Menschen mit dieser Persönlichkeitsstörung gelingt es ebenfalls nicht „ihnen nicht, ihre Impulse in Bezug auf das Ausgeben von Geld, Sexualverhalten und den Missbrauch von Substanzen" (ebd.) zu kontrollieren. Ebenfalls haben diese Personen kein gutes Selbstbild und sind deshalb unsicher, was ihre Person angeht. Typisch ist auch selbstschädigendes Verhalten. Außerdem neigen diese Personen nicht nur zu Wutausbrüchen, sondern auch zur Ängstlichkeit und Depression.

NetDoktor) Borderline-Syndrom: Definition, Ursachen, Verhalten

Beblo & Mensebach (2000) S. 384 – 390

Bäcker (2016) S. 56, 58 -59

1.2.1 Diagnose

Es gibt zwei Möglichkeiten um eine Störung zu diagnostizieren. Es gibt die Internationale Statistische Klassifikation der Krankheiten und verwandter Gesundheitsprobleme (ICD), auch als ICD-10 bekannt. Diese Methode wird oft eingesetzt, da diese mit den Krankenkassen abgerechnet wird. Doch zur Diagnose im wissenschaftlichen Kontext wird das Diagnostische und Statistische Manual Psychischer Störungen (DSm) verwendet und was im Verlauf näher erläutert wird. Diese Möglichkeit der Diagnose wurde von der Amerikanischen Psychiatrischen Vereinigung veröffentlicht und die neueste, auf Deutsch verfügbare, Version ist die DSM-IV-TR. „Das DSM-IV-TR fasst Persönlichkeitsstörungen als extrem ausgeprägte Persönlichkeitszüge auf, indem sie als „überdauernde Formen des Wahrnehmens, der Beziehungsgestaltung und des Denkens über die Umwelt und über sich selbst" definiert werden. Persönlichkeitszüge wachsen sich dann zu Persönlichkeitsstörungen aus, wenn sie in einer unflexiblen und unangepassten Art und Weise Funktionsbeeinträchtigungen oder Leidensdruck hervorrufen." (Bäcker, 2014, S. 52 -54)

Das DSM-IV-TR ist in Achsen aufgeteilt und je nach der Zuordnung der Achsen wird auch die psychische Störung festgestellt. Die Persönlichkeitsstörungen liegen auf Achse II. Durch die Einordnung in Achsen wird es möglich ein detailliertes Bild der Störung zu bekommen. Damit ein Verhalten aber als eine Persönlichkeitsstörung diagnostiziert werden kann, muss „sich ein abweichendes Muster im Verhalten und Erleben in Bezug auf zwei oder mehr Bereiche aus der folgenden Auswahl bemerkbar machen: Kognitionen (Gedanken und Wahrnehmungen); Affektives Verhalten (Emotionen); Interpersonelle Funktionalität des Individuums (Interaktion mit anderen); Impulskontrolle" (Bäcker (2016) S. 52 – 54)

All diese Kriterien sind typisch für die Borderline-Persönlichkeitsstörung. (Siehe oben). Doch damit vom Vorliegen einer Persönlichkeitsstörung gesprochen werden kann, müssen auch die folgenden Kriterien erfüllt sein: „Das abweichende Muster muss andauernd, unflexibel und über ein breites Spektrum an Situationen konstant sein; Mit dem abweichenden Muster geht Leidensdruck einher, so dass es das Leben der Person in persönlicher, sozialer oder beruflicher Hinsicht beeinflusst oder beeinträchtigt; Das Muster muss zeitlich überdauernd sein und über einen langen Zeitraum vorliegen; Zudem muss sich der Beginn des Musters im frühen Erwachsenen- oder Jugendalter nachträglich feststellen lassen; Das Muster kann nicht als Bestandteil einer anderen psychischen Störung erklärt werden; Das Muster entsteht nicht durch die Einnahme einer psychoaktiv wirkenden Substanz." (Bäcker, 2016, S. 52 – 54)

Viele Kriterien sind typisch für eine Borderline-Persönlichkeitsstörung, denn das Leben dieser Menschen sind in jedem Bereich, ob in persönlicher, sozialer oder beruflicher Hinsicht, beeinflusst bzw. beeinträchtigt; die Störung ist lang andauernd und geht über einen längeren Zeitraum; diese Störung entsteht durch ein Trauma aus der Kindheit; es ist kein Bestandteil einer anderen Störung und diese Störung entsteht nicht aus der Einnahme oder Nebenwirkung von Substanzen bzw. Medikammenten. Nun ist also sicher festgestellt worden, dass eine Persönlichkeitsstörung vorliegt. Doch um genau sagen zu können, dass es sich um die Borderline-Persönlichkeitsstörung und nicht um eine andere Persönlichkeitsstörung handelt, müssen auch mindestens fünf der folgenden neun Kriterien zutreffen: „verzweifeltes Bemühen, ein reales oder imaginäres Verlassen-Werden zu verhindern (außer Suizid oder Selbstverletzung); intensives Muster von instabilen, aber intensiven zwischenmenschlichen Beziehungen, das sich durch einen Wechsel zwischen den beiden Extremen Idealisierung und Abwertung auszeichnet; Identitätsstörung im Sinne eines anhaltend und deutlich gestörten, verzerrten oder instabiles Selbstbild bzw. eines gestörten Gefühls für die eigene Person (z.B. das Gefühl, nicht zu existieren oder das Böse zu verkörpern); Impulsivität bei mindestens zwei potentiell selbstschädigenden Aktivitäten (Geldausgeben, Sexualität, Substanzmissbrauch, Ladendiebstahl, rücksichtsloses Fahren, Fressanfälle – außer Suizid oder Selbstverstümmelung); wiederholte suizidale Handlungen, Andeutungen, Drohungen oder selbstverletzende

Verhaltensweisen; Instabilität im affektiven Bereich in Form von ausgeprägten Stimmungsschwankungen (z.B. Euphorie, Reizbarkeit, Angst); chronisches Gefühl der Leere oder Wertlosigkeit; übermäßig starke Wut oder Unfähigkeit, die Wut zu kontrollieren (z.b. häufige Wutausbrüche, andauernde Wut oder wiederholte Prügeleien); vorübergehende, stressabhängige, schwere dissoziative Symptome oder paranoide Wahnvorstellungen" (Bäcker, 2014, S. 52 – 54)

Bäcker, 2016, S. 52 – 54)

Koch, 2014, S. 341

Dobmeier (2016(NetDoktor) Borderline-Syndrom: Definition, Ursachen,

Außerdem können für die Fremdeinschätzung Familienmitglieder und Freunde befragt werden, denn so können unklare Fragen z. B. ob die Störung erst im Kindes- bzw. Jugendalter aufgetreten ist geklärt werden. Erst wenn die Symptome und Kriterien mit denen der Patienten_innen übereinstimmt, kann die Borderline-Persönlichkeitsstörung diagnostiziert werden.

Dobmeier (2016(NetDoktor) Borderline-Syndrom: Definition, Ursachen,

Es gibt verschiedene Modelle zum Zusammenhang von Persönlichkeit und Gesundheit, doch zu Erst sollte Gesundheit definiert werden. Im wissenschaftlichen Bereich ist Gesundheit an ein Denkparadigma gebunden. Außerdem handele sich bei der Gesundheit um „ein soziale Konstruktion, die je nach sozialem Kontext und den herrschenden Lebensvorstellungen einer Gesellschaft oder Epoche unterschiedlich bestimmt wird." (Bäcker, 2014, S. 24)

Laut Bäcker (2014, S. 24) impliziere Gesundheit Normen, an denen sie gemessen wird. Gesundheit und Krankheit schließen sich zwar nicht gegenseitig aus, stehen aber trotzdem im Gegensatz zu einander z. B. Es gibt „kranke Personen, die sich gesund fühlen, und umgekehrt."

Bäcker (2014) S. 24

Dabei wird unter Gesundheit nicht nur das körperliche, sondern auch das psychische und das soziale Wohlbefinden verstanden. Die Weltgesundheitsorganisation definiert Gesundheit wie folgt: „Sie wird betrachtet als „Zustand eines vollkommenen körperlichen, seelischen und sozialen

Wohlbefindens" und geht damit über das bloße Fehlen von Krankheit und Gebrechen hinaus." (ebd.)

2.1 Zusammenhänge zwischen Persönlichkeitsmerkmalen und Krankheiten

Persönlichkeitseigenschaften z. B. mutig, ängstlich, beeinflussen das Verhalten, da ist es doch logisch, dass sie auch die Gesundheit beeinflussen! Es gibt einige Modelle, die den Zusammenhang von Persönlichkeit und Gesundheit versuchen zu erklären. Ein Modell stammt aus dem Jahre 1992 von Smith und Williams und aus dem Jahre 1995 von Suls uRitterhouse. Sie gehen davon aus, dass Persönlichkeitseigenschaften eine Zusammenfassung von individuellen Unterschieden seien, die auf biologischen Grundlagen basieren. Es entsteht also insofern ein Zusammenhang, „dass die Persönlichkeit eine kausale Rolle in Bezug auf Krankheit und Gesundheit spielt." (ebd.)

Wenn sich biologische Aktivitäten auf (psychische) Erkrankungen bzw. auf ihren Verlauf auswirken, dann werden sie von der Persönlichkeit beeinflusst. (Bäcker, 2014, S. 25 -26)

Laut diesem Modell gibt es Persönlichkeitseigenschaften, die mehr zu Erkrankungen bzw. psychischen Störungen neigen

Lieber, 2019, Die Persönlichkeit und die Gesundheit

In einem anderen Modell wird ein korrelativer Zusammenhang angenommen d. h. die biologischen Ursachen, die für die Krankheit zuständig sind, sind auch für die Persönlichkeit zuständig z. B. es wäre möglich, dass eine Person genetisch anfällig für die koronaren Herzkrankheit ist, aber das gleiche Gen auch Grundlage für ein feindseliges Verhalten sein kann.

Bäcker (2014) S. 25 - 26

Lieber, 2019, Die Persönlichkeit und die Gesundheit

Der Kohärenzsinn wird mit dem Soziologen Aaron Antonovsky in Verbindung gebracht. Antonovsky ist für sein Konstrukt der Salutogenese bekannt, dieses Konstrukt versucht Gesundheit statt Krankheit zu erklären und stellt die Frage, was gesund erhält?

Bäcker (2014) S. 40 – 41

Antonovsky, 1997, S. 23 – 26

Dieses Konzept geht von einem Gesundheits-Krankheits-Kontinuum aus. Jeder Mensch bewegt sich auf diesem Kontinuum, dabei bewegt er/sie sich mal mehr in Richtung Gesundheit und mal mehr in Richtung Krankheit. Es handelt sich aber hier um einen Fortlaufenden Prozess.

Antonovsky, 1997, S. 23 – 26

Laut Antonovsky (1997, S. 23 – 26) würde es bei der Auseinandersetzung mit Stress zu psychischen und physischen Spannungszuständen kommen, die der Mensch versucht zu bewältigen. Bei positiver Bewältigung bewegt sich der Mensch in Richtung Gesundheit und bei negativer Bewältigung bewegt sich der Mensch dem entsprechent in Richtung von Krankheit.

Bäcker (2014) S. 40 – 41

Doch nicht der Stress selbst beeinflusst die Gesundheit, sondern der Umgang mit ihm. Bei der Bewältigung des Stresses bzw. der Stressoren spielt der Kohärenzsinn eine Rolle. Der Kohärenzsinn meint, dass Menschen Lebenserfahrung sammeln und bis zum Erwachsenenalter entwickelt sich eine stabile Lebensorientierung, es entwickelt sich außerdem das Verständnis für das Leben, Verstehbarkeit, z. B. Ereignisse im Leben sind strukturiert, es entwickelt sich auch der Sinn des Lebens, Sinnhaftigkeit, z. B. Aufgaben im Leben haben Sinn. Außerdem reift im Menschen die Überzeugung, dass sich die Aufgaben und Anforderungen bewältigen lassen, Handhabbarkeit/Bewältigbarkeit. Wie klar geworden ist, setzt sich die Kohärenz aus der Verstehbarkeit, aus der Handhabbarkeit und der Sinnhaftigkeit.

Laut Antonovsky (1997, S. 23 – 26) sind Menschen, die einen hohen Kohärenzsinn besitzen, stressresistenter als andere, denn diese Menschen sehen Anforderungen nicht als stressig an. „Außerdem schätzen sie die Stressoren als weniger bedrohlich für das eigene Wohnbefinden ein. Dazu kommt, dass sie die Probleme, aus denen die Stressoren entstehen, differenzierter wahrnehmen. Zusätzlich geht Antonovsky davon aus, dass Personen mit einem hohen Kohärenzgefühl sich für diejenige Bewältigungsstrategie entscheiden, die sich für den Umgang mit einem spezifischen Stressor am besten eignet." (Bäcker, 2014, S. 40 – 41)

Bäcker, 2014, S. 40 – 41

Antonovsky, 1997, S. 23 – 26

2.1.2 Die Rolle des Kohärenzsinns im Rahmen der Gesundheitsförderung

Arbeit kann Gesundheit fördern, denn es Schaft eine Struktur im Alltag und Menschen können sich so selbstverwirklichen. Doch Arbeit kann auch krank machen und wenn das der Fall ist, bedeutet das, dass andere Mitarbeiter_innen mehr arbeiten müssen und evtl. mehr Stress haben. In fast allen Berufen kommt Burn-out vor und in fast allen Berufen finden sich Aussagen darüber, dass zu hoher Stress und damit eine zu hohe Belastung vorhanden ist. (Nelting, 2010, S. 27 – 28)

Mitarbeiter_innen, die Gesund sind, sind motivierter, zuverlässiger und kreativer. Außerdem sind

Gesunde und motivierte Mitarbeiter_innen eine Grundvoraussetzung für den Erfolg und die Wettbewerbsfähigkeit eines Unternehmens. (ebd.)

Die Salutogenese steht in der Gesundheitsförderung für die Aufrechterhaltung der Gesundheit bzw. Vorbeugung von Erkrankungen und für die Stärkung der individuellen Ressourcen.

infodrog.ch, 2018, Salutogenese

„Die von der WHO 1986 formulierte Ottawa-Charta zur Gesundheitsförderung trägt ganz wesentliche Züge der Salutogenese. Sie setzt auf die Förderung von Ressourcen, auf positive Gesundheitsziele und auf die Beteiligung (Partizipation) und Befähigung („Empowerment") der Menschen zur Stärkung ihrer Gesundheit (Faltermaier 2018; Faltermaier & Wihofszky 2012, S. 102 - 113)

2.2 konkrete Handlungsempfehlungen an Führungskräfte

Wie schon erwähnt sind gesunde und motivierte Mitarbeiter_innen der Grundstein für ein Unternehmen und nur dadurch kann sich ein Unternehmen aufrechterhalten und wettbewerbsfähig sein. Unternehmen, die sich für eine Gesundheitsförderung interessieren bekommen bei der Planung und Durchsetzung sogar Unterstützung durch den Staat und die Krankenkassen. Doch die Gesundheitsförderung umfasst nicht das gesunde Essen aus der Kantine oder bequeme Stühle, sondern sie umfasst viele verschiedene Handlungsstrategien, die die Bereiche Arbeit, Mensch und Organisation miteinander verbinden. Die Gesellschaft, Arbeitnehmer_innen und Arbeitgeber_innen fördern zusammen die Maßnahmen zur Förderung von Faktoren, die die Gesundheit und das Wohlbefinden trotz hohem Stress und Arbeitsbelastungen ermöglichen.

Es gibt verschiedene Gesundheitsfördermaßnahmen. Eine solche Maßnahme wäre Beispielsweise, dass ein Unternehmen, ob allein oder im Kooperation mit einem Fitnessstudio, Fahrräder an seine Mitarbeiter_innen verschenkt, damit diese mit den Fahrrädern zur Arbeit kommen können. Als Geburtstags- oder Weihnachtsgeschenke könnte das Unternehmen auch Fitnessgutscheine verschenken. Diese Maßnahme kann den Zusammenhalt im Unternehmen stärken und das Gefühl von Sinnhaftigkeit und Bewältigbarkeit stärken.

Ein Unternehmen kann eine Jogagruppe ins Leben rufen, dafür kann das Unternehmen einen Raum dem entsprechend umgestalten. Diese Maßnahme führt dazu, dass Mitarbeiter_innen keine Rückenschmerzen oder Verspannungen durch das viele Sitzen haben und es kann zu entspannteren Arbeitsklima führen und auch diese Maßnahme kann zum Gefühl der Bewältigbarkeit und Sinnhaftigkeit führen

Eine weitere Maßnahme wäre, dass ein Unternehmen einen Gesundheitstag einführt. An diesem Tag werden die Mitarbeiter_innen über die Folgen von Stress aufgeklärt, es finden Vorsorgeuntersuchungen durch Ärzte statt und es finden Übungen zur Bewältigung von Stresssituationen in einem Fahrsimulator statt.

All diese Maßnahmen können das Selbstwertgefühl stärken und gibt das Gefühl Struktur bei der Arbeit und im Leben zu haben, jede Belastung bewältigen zu können und einen Sinn im Leben zu haben und dass es sich lohnt die Energie für die entsprechende Aufgabe aufzubringen.

Kaluza, 2011, S. 4 - 8

Lieber, 2019, Die Persönlichkeit und die Gesundheit

Personal.de, 2018, 5 Ideen zur betrieblichen Gesundheitsförderung

3. Das Big Five Modell nach Costaund McCrae

Das Bestreben die Persönlichkeit zu erfassen, verstehen und zu beschreiben hat eine lange Geschichte. Die Frage nach der Persönlichkeit, nach dem Charakter und nach dem was die Menschen ausmacht beschäftigte schon die Philosophen der Antike. Die vier-Elementen-Lehre ist eine Art Vorläufer des Big Fives. Doch auch die Persönlichkeitspsychologie versucht grundlegende Persönlichkeitseigenschaften zu erfassen bzw. in einem Modell zusammenzufassen, durch das eine Charakterisierung der Persönlichkeit möglich werden soll. Abgesehen, dass dies der Wissenschaft dient, ist sie auch hilfreich bei der Berufswahl bzw. Personalwahl.

Es gab viele Ansätze und Versuche ein Modell um die Persönlichkeit zu erfassen, verstehen und zu beschreiben z. B. der lexikalische Ansatz, aber erst seit 1980 liegt ein erfolgreiches Modell vor. Das Big Five Modell oder auch das Fünf-Faktoren-Modell (FFM) basiert auf fünf Dimensionen/Faktoren. Dieses Modell von Costa und McCrae ist das einflussreichste und inzwischen das am Meisten verwendete Modell und es ermöglicht eine umfassende, den Gütekriterien entsprechende, Erfassung der Persönlichkeit. Dabei wird unter Persönlichkeitseigenschaften die stabile Beziehung von Situation und Reaktion verstanden, dies bedeutet, dass das Verhalten bzw. Erleben einer Person bei bestimmten Situationen fast immer gleich ist.

Maurer (2006) S. 1 – 63

Bäcker (2014) S. 45 – 51

Wie schon erwähnt gibt es fünf Dimensionen/Faktoren, dem entsprechend auch der Name Big Five. Die fünf Dimensionen bestehen aus: „Offenheit für Erfahrung; Gewissenhaftigkeit; Extraversion; Verträglichkeit und Neurotizismus. Dabei lässt sich jeder Mensch einer Dimension einordnen. Im englischen wird das Modell auch OCEAN-Modell genannt, dies sind die Anfangsbuchstaben der englischen Begriffe: Openness, Conscientiousness, Extraversion, Agreeableness, Neuroticism.

Bäcker (2014) S. 45 – 51

Menschen, die offen für Erfahrungen sind, sind wissbegierig, neugierig, fantasievoll, experimentierfreudig und künstlerisch interessiert. Diese Menschen zeigen die Bereitschaft bestehende Normen zu hinterfragen, auf soziale, ethische und politische Wertvorstellungen einzugehen und haben oft eine neutrale Denkweise, probieren neues aus und lieben Abwechslung.

Gewissenhafte Menschen sind organisiert, sorgfältig, planend, effektiv, Zuverlässig und verantwortungsbewusst und überlegt. Diese Menschen sind Verantwortungsbewusst, genau, kontrolliert und Zielstrebig. Dagegen sind extraversierte Menschen aktiv, gesellig, gesprächig, energisch, heiter und optimistisch. Sie mögen es unter Menschen zu sein und

Sind weder schüchtern noch scheu. Menschen, die Verständlichkeit aufzeigen sind verständnisvoll, wohlwollend, kompromissbereit und mitfühlend. Sie haben ein starkes Harmoniebedürfnis und sie helfen gern und sind davon überzeugt, dass diese Menschen irgendwann ebenfalls ihre Hilfe anbieten werden. Menschen mit einem hohen Neurotizismus Wert sind erschüttert, betroffen, beschämt, unsicher, verlegen und nervös, ängstlich und traurig. Sie sind Stress anfälliger und sehr sensibel und empathisch.

Mai (2015) Big Five: Was Persönlichkeit bestimmt

3.1 Die Bedeutung des Modells in der Personalauswahl

Welche Berufe sich besser und welche sich schlechter für jemanden eignen hängt davon
ab, welches Persönlichkeitsmerkmal am ausgeprägtesten ist z. B. eignen sich Personen,
bei denen das Persönlichkeitsmerkmal Offenheit ausgeprägt ist, eignen sich als
Schauspieler oder Künstler, denn sie lieben die Abwechslung und künstlerisch
Interessiert.

Laut dem Organisationspsychologen Lars Satow könne mit Hilfe der Big Five die
Berufsgruppe Erklären: Bei Arbeitern wäre die Ausprägung im Bereich der Offenheit
und Extraversion gering ausgeprägt, aber dafür ist ihr Bedürfnis nach Sicherheit,
Anerkennung und Leistung sehr hoch. Bei Beamten dagegen ist das
Persönlichkeitsmerkmal Gewissenhaftigkeit sehr ausgeprägt, aber dafür sind die
Offenheit und Extraversion gering ausgeprägt. Auch Beamte haben das Bedürfnis nach
Sicherheit. Im Vergleich zu diesen Beiden Berufen ist bei Selbständigen die Offenheit
sehr ausgeprägt, aber dem entsprechen ist ihr Bedürfnis nach Sicherheit gering.

Doch die Big Five wird auch im Bereich der Personalauswahl, mit Grundlage der
Eignungsdiagnostik getroffen wird, verwendet. Ebenso gut geeignet sind
Persönlichkeitstests, die die Big Five als Grundlage haben, um die verschiedenen
Charaktere im Team zu verstehen bzw. zu gewinnen. Dies kann zur individuellen
Potenzialentwicklung dienen.

Mai (2015) Big Five: Was Persönlichkeit bestimmt

3.2 Wichtige Eigenschaften bei der Auswahl von Jurist_innen

Bei Jurist_innen sollte das Persönlichkeitsmerkmal der Gewissenhaftigkeit am
ausgeprägtesten sein. Jurist_innen müssen ihr Vorgehen sorgfältig planen, das weitere
Vorgehen organisieren und mit den sensiblen und wichtigen Unterlagen sorgfältig
umgehen. Doch genau so wichtige Eigenschaften für Jurist_innen sind, dass sie effektiv

und überlegt vorgehen, mit den Unterlagen, Kollegen und Mandant_innen verantwortungsbewusst und zuverlässig umgehen. Außerdem muss z. B. ein_e Jurist_in verantwortungsbewusst und zuverlässig sein, denn der_die Mandant_in Vertraut dem_der Jurist_in seine_ihre Beschwerde an, in der Hoffnung, dass für die Beschwerde z. B. vor Gericht eine erfolgreiche Lösung gefunden wird bzw. dass die Beschwerde geklärt wird. Ein_e Jurist_in, der_die nicht verantwortungsbewusst und zuverlässig ist, verliert schnell das Vertrauen seiner_ihrer Mandanten_innen.

. Da Jurist_innen oft verbeamtet sind, benötigen sie das Bedürfnis nach Sicherheit nicht, denn sie können nicht entlassen werden.

Antonovsky , A. (1997) Salutogenese, Dgvt

Aktueller info service (2018). Umfassendes Info zu Persönlichkeitstests.
Abgerufen von

www.aktueller-info-service.de › Persoenlichkeitstests

Becker, B. (2014). Persönlichkeitspsychologie: Praxisfelder der Differentiellen-
und Persönlichkeitspsychologie (1. Aufl.). Riedlingen: Studienbrief der SRH
Fernhochschule

Beblo & Mensebach (2000) Persönlichkeitsstörung. Wiesbaden: Springer

Dobmeier J. (2016). Borderline-Syndrom: Definition, Ursachen, Verhalten.
Abgerufen von

www.netdoktor.de › Krankheiten

Faltermaier, T., & Wihofszky, P. (2012). Partizipation in der
Gesundheitsförderung: Salutogenese – Subjekt – Lebenswelt. In R.
Rosenbrock, & S. Hartung (Hrsg.). Handbuch Partizipation und Gesundheit (S.
102–113). Bern: Huber

infodrog.ch (2018) Salutogenese, aufgerufen von

www.infodrog.ch › wissen › praeventionslexikon › saluto...

Kaluza (2011). Gesundheitsförderung. Erli, Heidelberg: Springer

Koch, J. (2014). Psychologische Diagnostik: Testverfahren im Überblick. Aerzteblatt, August 2014, S. 361

Lieber, A. (2019). Die Persönlichkeit und die Gesundheit. Abgerufen von

www.wipub.net › die-persoenlichkeit-und-die-gesundheit

Mai, J. (2015) Big Five: Was Persönlichkeit bestimmt. Abgerufen von

karrierebibel.de › Job & Psychologie »

Maurer, M. (2006) Das Big-Five-Modell der Persönlichkeit. Abgerufen von

www.grin.com › document

Nelting, M. (2010). Burn-out - Wenn die Maske Zerbricht (PDF), München: Goldmann Verlag

Personal.de (2018) 5 Ideen zur betrieblichen Gesundheitsförderung. Aufgerufen von

content.personal.de › betriebliche-gesundheitsfoerderung

Rüdiger Reinhardt, Ornau , (2016). Wissenschaftliches Arbeiten: Grundlagen der empirischen Sozialforschung, (3. Aufl.). Riedlingen: Studienbrief der SRH Fernhochschule